Acredite no amor...

Você pode viver melhor!

Vicente Carvalho

Dados Internacionais de Catalogação na Publicação (CIP)
(Câmara Brasileira do Livro, SP, Brasil)

Carvalho, Vicente
  Acredite no amor — : você pode viver melhor! / Vicente Carvalho. — São Paulo : Paulinas, 2002. — (Coleção Ternura)

  ISBN 85-356-0827-3

  1. Amor 2. Conduta de vida 3. Confiança (Psicologia) 4. Fé 5. Ternura (Psicologia) 6. Vida cristã I. Título. II. Série.

  02-1712　　　　　　　　　　　　　　　　　　　　　　　　　CDD-248.4

Índice para catálogo sistemático:
1. Amor : Vida cristã : Cristianismo
248.4

Nenhuma parte desta obra pode ser reproduzida ou transmitida por qualquer forma e/ou quaisquer meios (eletrônico ou mecânico, incluindo fotocópia e gravação) ou arquivada em qualquer sistema ou banco de dados sem permissão escrita da Editora. Direitos reservados.

Paulinas

Rua Pedro de Toledo, 164
04039-000 – São Paulo – SP (Brasil)
Tel.: (11) 2125-3549 – Fax: (11) 2125-3548
http://www.paulinas.org.br – editora@paulinas.org.br
Telemarketing e SAC: 0800-7010081

© Pia Sociedade Filhas de São Paulo – São Paulo, 2002

Homenagem

Somente os sonhadores conseguem viver suas utopias.
Saudade...
Saudade, João Batista! Inesquecível irmão, de contagiante olhar, inimitável sorriso...
Amante da vida. Amante do Amor. Tão cedo partiu! Quem sabe, talvez, por alguma dor, que o brilho de seu rosto escondeu...
Somente a certeza de eternidade junto a Deus, Amor Eterno, para preencher o vazio que de sua ausência nasceu...
Saudades...
Saudades, João Batista!

Coleção Ternura

- *A cada dia... a vida. Pensamentos vivos* – Odette Mattos

- *Acredite no amor... Você pode viver melhor* – Vicente Carvalho

- *De mãe para filho. Preces e pensamentos de uma mãe* – Maria Salete Interciso

- *O bebê está chegando. Reflexões de um casal* – Cristina Beloni Alencar

★ Sumário ★

	Apresentação	9
1.	Bendito seja o amor	10
2.	Amor: doçura da vida	11
3.	A mais bela canção	12
4.	Página em branco	13
5.	Poema de amor	14
6.	Um estilo de vida	15
7.	Síntese da vida	16
8.	O amor vale a pena	17
9.	Basta uma flor	18
10.	A arte de amar	19
11.	Nas coisas do amor	20
12.	Coração machucado	21
13.	Amizade que virou paixão	22
14.	Por que ter medo?	23
15.	Coisas do coração	24
16.	Não se deixe vencer	25
17.	Uma postura elegante	26
18.	Quem ama, ama simplesmente	27
19.	Ciclo da vida	28
20.	Idas e vindas da vida	29
21.	Tudo passa!	30
22.	Nada perturbará você	31
23.	Nas ondas da ternura	32
24.	Lágrimas e gargalhadas	33

25. Silenciar falhas 34
26. Fecundidade da terra 35
27. Caminhos de felicidade 36
28. Tudo posso 37
29. Superando o mau humor 38
30. A perfeição como ideal 39
31. Raízes de bem 40
32. Uma edição única 41
33. Mero reflexo 42
34. A experiência do silêncio 43
35. Amigos e estrelas 44
36. Uma centelha de verdade 45
37. Dia novo e inédito 46
38. Amar 47
39. Corações que se amam 48
40. Semente de árvore boa 49
41. Um presente do céu 50
42. Diálogo faz bem 51
43. Os fardos não assustam 52
44. A força do amor 53
45. Sede de infinito 54
46. As flores mais lindas 55
47. A nascente e o rio 56
48. A perseverança das águas 57
49. As portas do coração 58
50. Autodomínio e paciência 59
51. Só depende de você 60

52. Não desperdice uma lágrima 61
53. O amor que sussurra 62
54. Urgente é você 63
55. Viver intensamente 64
56. Amor à vida 65
57. As mãos de Deus 66
58. A chave da felicidade 67
59. Revestir-se de amor 68
60. O poder do sorriso 69
61. Agradecer é amar 70
62. Soluções existem 71
63. Sorrindo com o olhar 72
64. Reconhecer-se humano 73
65. Presença de luz 74
66. Generosidade e ternura 75
67. A vida desabrochou 76
68. O milagre da vida 77
69. Batalhas interiores 78
70. Elegância não faz mal 79
71. O caminho do amor 80
72. Um pouco de silêncio 81
73. Críticas e elogios 82
74. Criados para amar e perdoar 83
75. Um novo amanhecer 84
76. Todos brilham 85
77. Um amor diferente 86
78. Amar a si 87

79. Semente do amor 88
80. Amigos e amigas 89
81. Você muito amou! 90
82. Decidir pelo amor 91
83. Gostar e amar 92
84. Acredite no amor 94
85. Podes limpar-me! 95
86. Sacia-me com teu amor! 96

Apresentação

O amor é profundo demais, para quem prefere ficar no cais, com medo de navegar em alto-mar... Que nesse mar, cheio de medo, você tenha somente medo do medo de amar!

ACREDITE NO AMOR..., embora pareça um diálogo entre autor e leitor, na verdade, não passa de um monólogo.

Quando diz *você*, o autor está conversando consigo mesmo, ao se olhar no lago da vida. Todos os textos são reflexos do que consegue enxergar nesse lago; do que sente dentro de si próprio, no relacionamento com Deus, com as pessoas e no convívio familiar.

Espero, querido leitor, querida leitora, que este monólogo sirva também para você continuar acreditando que tudo é possível, quando existe amor. E, nesta certeza, caminhar todos os dias ao encontro da paz, que dele desabrocha, como a mais bonita e perfumosa de todas as flores.

O Autor

Bendito seja o amor

Bendito seja o amor que me criou!

Bendito seja o amor que me deu à luz! Bendito seja o amor que me amamentou! Bendito seja o amor que me ensinou a balbuciar as primeiras palavras... a dar os primeiros passos, sem medo de cair!

Bendito seja o amor que me ensinou a conhecer e a rabiscar as primeiras letras!

Bendito seja o amor que me agraciou com preciosidades belas e raras: amigos e amigas de verdade!

Bendito seja o amor que conquistou meu coração! Bendito seja o amor, rebento dessa cumplicidade afetiva!

Bendito seja o amor que me concedeu gosto pelas coisas do alto, indicando-me o caminho da Fé e da Esperança!

Bendito seja Deus, Deus-Amor, que me abençoa sempre, com toda sorte de bênçãos!

Amor: doçura da vida

Tudo é possível! Menos dizer *sou feliz*, sem amar. A felicidade é uma árvore imensa; o amor, sua raiz. Sem amor, as folhas murcham. Os galhos secam. O tronco não distribui a seiva... A felicidade se vai!

O amor, cujos olhos residem no coração, faz o feio tornar-se belo; transforma rascunhos em literatura imortal; um simples olhar, em prenúncio de belos relacionamentos, felizes e eternos...

Só o amor! Somente o amor pode dar vida e colorido à existência humana.

Acreditando na força do amor, você torna possível o impossível; os espinhos não lhe causam dor; você atravessa o mar a pés enxutos, para brindar sorridente nas terras firmes da felicidade.

Nas flores, as abelhas buscam o néctar para o mel. No amor, homem e mulher encontram a doçura da vida!

A mais bela canção

Quem não escuta a voz do próprio coração, nos momentos especiais de inspiração, jamais ouvirá a tranqüila e suave melodia do amor. É o amor a mais bela canção que o coração pode e deve compor.

Sem amor, a vida mais parece um Céu sem o brilho das estrelas; um jardim sem a magia das flores; um mar sem o clássico bailar das ondas.

Não sufoque sua capacidade de amar. Foi Deus quem a deu de presente para você. Você é diferente de todas as outras criaturas... Diferente, porque capaz de amar. E, por essa razão, eterno!

O que faz a diferença, o que distingue um homem de outro homem, uma mulher de outra mulher, é seu nível de sensibilidade ao amor...

Página em branco

A vida é semelhante a um livro que se vai escrevendo aos pouquinhos. Cada dia é uma página em branco, em que você escreve sua história. E o encanto desse livro, chamado Vida, está no amor que você aplica em cada linha redigida, em cada acontecimento vivido com determinação, ternura e simplicidade.

Quem produz o texto é você! Escreva! Escreva o que você bem entender! Não se esqueça, porém, de ter no amor seu personagem principal.

É por amor que Deus, com materna afeição, lhe presenteia e lhe confia cada novo dia, página em branco a ser escrita por você. Sem o amor como protagonista, sua história não será de conteúdo edificante. Nem para você, nem para os outros.

Escreva sempre coisas bonitas e gostosas, que levem ao prazer de viver!

Poema de amor

No Verão, os temporais são inevitáveis. No Outono, as folhas caem e as flores perdem o colorido. No Inverno, tudo parece arrefecer. Na Primavera, um belo poema de amor pode ser jogado ao lixo, se faltar a você ousadia, coragem de publicá-lo.

Proteja-se contra os temporais do coração. Cuide bem de seu jardim. Aqueça sua vida com a chama do amor, que faz morada no mais íntimo de seu ser. Não tenha medo de amar. Não viva se escondendo de seus sentimentos. Seu poder sobre eles é minúsculo, diante da força maiúscula que possuem... Não tem jeito! Não há como fugir! Seu coração é de quem você ama!

Nada há em segredo que um dia não venha a ser revelado. Quem tem ouvidos para ouvir, ouça (cf. Mc 4,22-23).

Coragem, não recue, publique o poema de amor que seu coração escreveu!

Um estilo de vida

Quando homem e mulher perdem a noção de utopia, ainda que no alvorecer dos anos, tornam-se velhos e acabados, porque sem sonhos e esperanças.

Permita ao jovem que está dentro de você exteriorizar seus sonhos, arraigados no projeto de uma vida intensa, carregada de amor e, por isso, feliz.

Oh, preste bem atenção! Juventude não é a quantidade de primaveras vividas, mas a maneira como se contemplam as flores que nelas desabrocham, sentindo sempre a suavidade de seu irresistível perfume.

Tratando-se de juventude, idade é o que menos importa! Entre ser jovem e ser moço ou moça há enorme diferença. Mocidade é um período determinado de tempo. Juventude, porém, é um estilo de vida! Juventude é não permitir que morram sonhos e esperanças.

Síntese da vida

Ainda que tudo dê errado...

Ainda que nada aconteça conforme você planejou, cada dia vivido é uma bênção de Deus.

Não se amedronte diante dos desafios que se apresentam em sua vida, sem convites. Embriague-se do gostoso vinho da ternura. Viva cada momento com intensidade, seja de alegria, seja de lágrimas, buscando somente aquilo que o faça sentir-se bem, mais inteiro, mais completo por dentro. Seja um arauto da Fé, da Esperança e do Amor.

A Fé é a âncora que não deixa seu barco perder-se nos vendavais e tempestades. A Esperança, sua certeza interior de dias melhores e ensolarados. O Amor, a síntese da vida; divina paixão que impulsiona você para a frente e para o alto. *O amor tudo crê, tudo espera* (cf. 1Cor 13,7). O amor tudo pode. *O amor tudo supera!*

O amor vale a pena

Que sua capacidade de amar aumente e transborde sempre mais.

Os mares não nasceram mares. Os rios não nasceram rios. Mares e rios nasceram da comunhão de gotículas d'água que, em dado momento, afloraram na solidão das nascentes. Assim como mares e rios, o amor também tem seu começo, suas fontes: um olhar, um sorriso, um gesto de solidariedade, uma palavra de carinho...

Com a sutileza de um beija-flor, o amor toca o coração; mas a força de suas ondas é capaz de escrever nas rochas um lindo romance, que o tempo não apaga.

Viva seus dias liberando sua capacidade de amar, do seu jeito. Não invente! Não queira enfeitar! Quem ama não se arma.

É assim que o amor vale a pena. Simples! Como a bela e gigantesca simplicidade de uma flor.

9

Basta uma flor

Um simples olhar, um pequeno e afetuoso gesto de acolhida são capazes de conquistar, de roubar um coração!

Inúmeros são os idiomas e dialetos falados por esse mundo afora. Muitos entendem e falam diversas línguas. Poucos, pouquíssimos, no entanto, compreendem a linguagem do amor, idioma do coração.

Milhares são as maneiras de dizer: *amo você*, mas apenas uma delas convence: aquela estampada em seu olhar. Os olhos não enganam, nem sabem mentir.

A linguagem simples do amor não depende de palavras. Basta um sorriso! Basta um gesto de ternura! Basta uma flor! Um coração esculpido em seu rosto!

Busque, em sua vida, como trilhar pelas veredas dos sentimentos! Deixe quem você ama descobrir, por si só, o que em silêncio grita seu coração.

A arte de amar

Quando dois corações se amam, um torna-se responsável pelo outro. Entrelaçados na magia clássica da reciprocidade, fundem-se num só coração.

Quando dois corações se amam, tudo aquilo que tenta dividi-los não passa de gotas d'água pretensiosas que, num lampejo de absurdo e loucura, resolvem desafiar a força oceânica que os une.

Se você anda se rastejando por algum coração que não deseja fundir-se ao seu, não se deixe levar pelas ondas da paixão, nas asas da fantasia! Curta sua solidão, sobriamente. E, mesmo com o coração em pedaços pelo amargo dessa solidão, agradeça a Deus por ter agraciado você com a arte de amar...

Quão maravilhoso é o amor que não espera correspondência! Ainda que não correspondido, ainda que ignorado, o amor tem um gostinho especial de eternidade.

Nas coisas do amor

Você não é a única pessoa a se apaixonar por alguém que não corresponde ao seu amor. Também não é a primeira, nem será a última, pela qual alguém já se apaixonou, sem que houvesse correspondência.

Nas coisas do amor, são tantos os encontros e desencontros. Faz parte da vida! Faz parte da vida amar e ser amado... Amar e não ser amado...

O importante é que, tanto nos encontros como nos desencontros do coração, não haja lugar para brincadeiras. Se você quiser brincar com seus sentimentos, brinque à vontade! Mas, com os sentimentos de outra pessoa, jamais! Você não é dono deles!

Que sua conduta seja sempre marcada pela discrição, pelo respeito e, acima de tudo, pelo amor. O amor é bom e sereno; não deixa o coração encher-se de mágoas. O amor nada faz de inconveniente!

Coração machucado

O sentimento de paixão é imprevisível. Meio que selvagem! Um raio que, durante tempestades, não anuncia hora, nem lugar onde cair, provocando estragos e dores. Coisas do coração, diante das quais a razão se vê impotente, extremamente fragilizada.

É preciso muito equilíbrio, muito controle emocional, para gerenciar uma paixão. Do contrário, corre-se o grave risco de se tentar fugir do próprio coração. E, nessas vãs tentativas de fuga, aumentar mais e mais as dores que uma paixão pode causar; embora tão bonita, tão mágica, porque tão profundamente humana.

Querendo ou não, seus sentimentos aparecem. E é bom que apareçam! Você é um ser humano como os demais! Contudo, administre suas emoções, com naturalidade. É a melhor maneira de você não se ferir, nem machucar os sentimentos de outra pessoa...

Amizade que virou paixão

Desabaram sobre seus ombros lua e estrelas. Os dias de arco-íris se foram...

Era tudo o que você jamais sonhou acontecer! Era tudo o que você jamais esperava! Aquela bela e doce amizade, escrita em forma de poesia, virou paixão!

O que dizer? O que não dizer? Abrir-se ou enclausurar-se na solidão de sua dor? Só o coração tem as respostas! Só o coração pode mostrar a você o caminho a seguir!

Quem sabe, peça-lhe até um tempo de silêncio e reflexão, para que o calor da paixão se abrande, e não machuque e aborreça você ainda mais.

Acautele-se. Tenha calma. Não tome atitudes precipitadas. Siga o que diz, com extrema nitidez, seu coração. Ele pode ser um tanto quanto rebelde e desastrado, no entanto, é bem mais sábio e bem mais sensato do que você pode imaginar!

Por que ter medo?

Nos infinitos vôos que dá o coração, esse eterno adolescente, não é difícil que seja atingido por alguma situação conflitante e dolorosa. Atordoado, fica meio que do avesso, sem rota e sem rumo...

Situações conflitantes exigem de você postura serena e guerreira. Serena, porque se apavorar não adianta, é inútil! Guerreira, porque enfrentá-las é preciso. Não vale entrincheirar-se nas colinas do medo e da covardia. Quanto maior o medo, maior o fantasma. Quanto maior a covardia, menor a perspectiva de superação.

Não se amedronte; não se deixe levar pelo desânimo (cf. Sf 3,16).

Por que ter medo das coisas do coração? Por que tentar fugir de suas emoções, de seus sentimentos? Embora, tantas e tantas vezes, façam-lhe sofrer, são eles o balanceado tempero da existência.

Coisas do coração

Há paixões que estão bem ao alcance de suas mãos; há paixões fantásticas, distantes, inatingíveis. Em ambas, sintonia entre vontade, mente e coração é imprescindível. Não pode faltar!

No primeiro caso, uma linda história de amor pode ser lançada às traças, se você for com muita sede à fonte.

No segundo, a melhor postura é encarar os fatos, sorrindo do próprio coração. Se faltar esse sorriso, ainda que triste, é muito sofrimento por uma estrela da qual só se vê a sombra.

Apaixonar-se é muito bom! E não custa nada tentar administrar, com lucidez, com serenidade e com um belo sorriso nos olhos, as coisas do coração, confiando em Deus e em você mesmo.

16

Não se deixe vencer

A mais dolorosa de todas as saudades, a saudade que mais maltrata, é aquela saudade que se sente de alguém que está tão perto... e tão distante.

É muito comum, nos relacionamentos humanos, essa modalidade de sentimento. É uma história de amizade que, contra sua vontade, aos poucos se desvanece... É um caso de amor desencontrado e mal resolvido, no qual você acaba sentindo saudade de alguém que sequer se lembra de que você existe. E assim por diante!

Se você tem experienciado alguma saudade cruel, não se deixe vencer pela dor. Siga em frente sua vida, buscando o lado bom de tudo o que se passa com você...

Não há dor que o tempo não cure. Não há saudade que o tempo não suavize.

Sua vida está nas mãos de Deus. Nenhum tormento pode atingir você (cf. Sb 3,1).

Uma postura elegante

Implorar, jamais! Tampouco mendigar amizade e amor de quem quer que seja. Amizade e amor não se pedem. Conquistam-se.

Mendigar afetos depõe contra seu amor-próprio; depõe contra sua auto-estima. Assuma sempre uma postura elegante, sóbria, diante de situações complicadas de afetividade ou de qualquer outra natureza. Uma postura diferente!

A vida, por ser vida, prega de vez em quando algumas de suas peças, aplicando surpresas e armadilhas...

Se você, por exemplo, apaixonar-se por alguém, pode declarar-se ou não! Se quiser abrir o coração sobre seus sentimentos, tudo bem! Mas, não mendigue, não se arraste, se os sentimentos da outra pessoa não são os mesmos que os seus.

Você é grande. E seu coração, maior ainda. Capaz de amar, sem esperar nada em troca.

Quem ama, ama simplesmente

Amar não é troca de gentilezas. Amar não é comércio de afetividade. Amar é oferecer ternura, é oferecer carinho, gratuitamente! Quem ama, ama simplesmente! Amar é fazer feliz a pessoa amada, e degustar na felicidade dela a própria felicidade.

A união de dois corações diviniza-se, quando embasada nas delícias de um amor gratuito e desinteressado. Amor que vem de Deus. Amor que vem do amor. Amor que faz da vida um paraíso, onde se ama e amado se é. Somente esse amor pode fazer sorrir dois corações perdidamente apaixonados um pelo outro.

No silêncio tranqüilo deste amanhecer, brinde a ventura de ouvir, mais uma vez, seu coração a palpitar no peito. Eleve sua gratidão ao amor, o único que *transforma as rochas em lago e as pedreiras em fontes de água* (cf. Sl 113,8).

Ciclo da vida

Quando você olhar para o Céu interior e sentir a presença de nuvens carregadas e escuras, lembre-se de que as nuvens são fugazes. As estrelas que escondem, eternas; e seu brilho, insondável.

Quando você contemplar seu jardim e notar flores murchando e folhagens pedindo socorro, é o Inverno que se apresentou. Não se desespere! É o ciclo da vida! Em pouco tempo, a Primavera volta a sorrir graciosa, fecunda, linda e deslumbrante. Seu jardim vai estar novamente florido, perfumado e cheio de viço, enchendo os olhos de quem passa.

As estações da vida são assim! Vão... e voltam. Porém, com tonalidades diferentes!

Lembrando-se das estrelas, as nuvens são vistas de modo diferente. Lembrando-se do encanto primaveril, contorna-se com maior destreza a aridez dos invernos.

Idas e vindas da vida

Nas idas e vindas da vida, algumas situações encantam; outras desiludem... Coisas da vida! Mar de rosas que trazem consigo também os espinhos.

Por atraírem todos os olhares, as rosas podem acender a chama da vaidade no coração de quem não sabe conviver com o sucesso. Com os espinhos é diferente! Não envaidecem a ninguém. Todavia, quando suportados com firmeza, proporcionam aumento de auto-estima, sem requintes de presunção.

É pisando pedras que ferem que você encontra diamantes reluzentes. É travando batalhas contra os espinhos que você colhe as mais belas rosas. É pelas pedras e pelos espinhos que você se supera... Depende apenas de seu posicionamento diante deles!

Cuide bem de seu coração, acima de tudo; pois é dele que provém a vida (cf. Pr 4,23).

Tudo passa!

Não é todos os dias que você acorda e abre os olhos para a vida, com um sorriso no rosto. Há dias em que as lágrimas falam mais alto, silenciam e calam o coração. O importante é não desistir diante dos obstáculos, das inquietações e dos desafios que a vida oferece.

Sabemos que tudo nesta vida é como palha que o vento dispersa. Tudo passa. As alegrias passam e as tristezas também.

Uma única coisa não passa: o amor. Esse, sim, é eterno! Quando você planta amor e cultiva amor nas terras férteis de seu coração, você se transforma numa *árvore plantada junto às águas, que estende suas raízes em busca de umidade; não teme a chegada do calor; está sempre verde; não sofre em tempo de seca e nunca deixa de dar frutos* (cf. Jr 17,8).

Pense nisso e nada neste mundo será para você motivo de embaraço e desespero.

Nada perturbará você

A raiz da paz verdadeira tira seu sustento nas águas límpidas e transparentes da decência e da honestidade. Honestidade com Deus, consigo mesmo e com os semelhantes. Se faltar honestidade e decência, em seus relacionamentos e tarefas a cumprir, torna-se impossível recostar a cabeça ao travesseiro e não amargar o peso dela.

Quem navega pelos mares calmos da honestidade e da decência jamais enfrentará avalanches de vergonha e desonra. Coisas que incomodam e tiram o sono!

Não existe outra paz, além daquela que brota de uma vida decente e honesta. Paz que nasce de uma consciência tranqüila, descansada e serena... *Feliz aquele cuja consciência não o acusa* (cf. Eclo 14,2).

Nada perturbará você; nada inquietará seu coração; nada vai tirar-lhe o sono, se você usufruir dessa paz, com sabor de paraíso!

Nas ondas da ternura

Nunca deixe escapar de suas mãos, pelos vãos dos dedos, as oportunidades de ser um instrumento de paz e ternura! Um instrumento do amor!

Confiante na força do acolhimento, esteja sempre pronto para acolher e servir a quem quer que seja, sob o signo do perdão e da misericórdia.

Não julgue a ninguém. Não lhe compete julgar. Não condene. Não lhe cabe condenar. Evite palavras e atitudes que certamente irão prejudicar e ferir pessoas. Mergulhe fundo nas ondas da ternura e da hospitalidade. Você só tem a ganhar!

Toda vez que você fere alguém, você também se machuca. Por outro lado, quando ajuda alguém a reerguer-se, a reencontrar-se na vida, a sentir-se gente de novo, você cresce junto, pois Deus lhe estende a mão, num gesto de agradecimento...

Lágrimas e gargalhadas

Alegro-me nas tribulações e completo na minha carne os sofrimentos de Jesus (cf. Cl 1,24).

Enxergar o lado bonito, o lado positivo do sofrimento não é fácil, mas se você fizer uma viagem por seu passado, descobrirá que os desacertos e agruras ensinam bem mais que os acertos e doçuras. Na vida, aprende-se muito mais com as lágrimas do que com as gargalhadas...

Vida sem contrariedade é ilusão e fantasia. Contudo, ainda que atravessando por vales angustiantes de abandono e solidão, sentir o gosto da paz é possível. Basta que se dê sentido aos dissabores vividos.

Direcione sempre suas dores, suas provações, tirando delas alguma lição positiva de vida e a paz, no seu coração, será rainha. Revista-se de amor, de ternura e nos dias difíceis você será bastante forte para sair vitorioso em suas batalhas.

Silenciar falhas

Falar da vida alheia é um caso sério! Desgasta bem mais a pessoa que fala do que aquela de quem se fala.

Jesus já dizia e continua dizendo ainda hoje que, antes de tirar o cisco do olho dos outros, é necessário que arranquemos o cisco maior que está no nosso. São palavras duras, mas delas não há como se safar.

Quem não tem defeitos? Qual de nós não se aborrece, quando alguém toca nossas feridas? Então, por que falar dos outros? Se você tem os olhos voltados só para o lado bonito das pessoas, você também se torna uma pessoa mais bonita, mais positiva!

Quando você tiver vontade de falar mal de alguém, lembre-se de que esse alguém também tem seu lado bonito e positivo. Valorize esse lado e esqueça o resto!

Silenciar falhas e enaltecer qualidades faz parte da nobreza do ser humano.

Fecundidade da terra

Que bom que você acordou e, ao sentir o pulsar de seu coração, agradeceu a Deus pelo novo amanhecer, pela vida que, mais uma vez, despertou em você!

Agradecer é desnudar-se da própria auto-suficiência e reconhecer-se dependente de favores, atenções e carinho. É tão grandioso agradecer, quanto à fertilidade da terra, pela chuva recebida... Com a mesma humildade, com a mesma simplicidade que a terra agradece, florindo campos e engravidando sementes, você pode dizer: *Obrigado, meu Deus, pela vida!*

Alguns tentam se enganar na ilusão de que não precisam de Deus e de ninguém... E você precisa! Se você depende tanto de Deus e das pessoas, é claro que o cultivo da gratidão é um dever incondicional!

Celebre a Deus, porque ele é bom; eterno é seu Amor (cf. Sl 135,1).

Caminhos de felicidade

Eu vim para que todos vocês tenham vida... Vida em abundância! (cf. Jo 10,11). Ao seu dispor um novo amanhecer, com uma série de novas luzes e horizontes a sua frente! Agarre, com todas as suas forças, o direito de ser feliz, de viver de bem com a vida, corrigindo o que ontem decepcionou e aprimorando o que valeu a pena.

Somente vivendo com intensa vigilância sobre si mesmo, eliminando defeitos e aperfeiçoando qualidades, é possível trilhar caminhos que dão contentamento e sentido à vida. Caminhos de felicidade!

Não pense que a felicidade está condicionada à ausência de problemas. Não serão nem um nem dois que vão marcar presença neste novo dia; nenhum deles, porém, fará você infeliz, se olhados como meios que ajudam a crescer. Viver em plenitude é um ideal ao qual se chega aos pouquinhos!

Tudo posso

É na fragilidade da criatura que explode, com toda força, com toda energia, a misericórdia e os favores do Criador.

No silêncio desta manhã, recolha-se em oração. A oração é o canal pelo qual o Céu chega até nós. É por ela que você se ilumina interiormente e se transfigura para os enfrentamentos do dia-a-dia.

Busque nas profundezas da oração motivações novas para o novo dia. Coloque-se diante de Deus, do jeito que você é, sem querer inventar! Ele conhece você profundamente, todos os seus anseios e as carências mais íntimas e escondidas.

É no seu nada que o tudo de Deus se manifesta. *Tudo posso naquele que me dá forças* (cf. Fl 4,13). A qualidade do seu dia depende da qualidade de sua oração, pois ela é capaz de fazer você crescer no amor, na amizade com Deus e com as pessoas.

29

Superando o mau humor

Se hoje você acordou de mau humor, brigado com a vida, por causa de tantas preocupações e situações incômodas a serem resolvidas... Se você nem está começando o dia, mas apenas dando seqüência às horas intermináveis de uma noite, em que você não conseguiu dormir direito, seja por esse ou aquele motivo... Acalme-se!

Será que existe solução para tudo?

Não queira abraçar suas preocupações e problemas, todos de uma vez só. Seus braços são pequenos demais; você não vai conseguir! Tente resolver uma coisa por vez. Todos os labirintos têm suas saídas. Paciência é que não pode faltar!

Deus vai estar perto de você o dia todo! Não vai se ausentar! Basta você confiar na presença dele. *Venham a mim todos vocês que estão cansados sob o peso de suas cruzes, e eu lhes darei descanso* (cf. Mt 11,28).

A perfeição como ideal

Que você seja perfeito, como perfeito é o Papai do Céu (cf. Mt 5,48). Todos os dias, Jesus faz a você esse convite. É um convite exigente, sem dúvida, mas, pensando bem, talvez ele queira dizer que é preciso ter a perfeição divina como ideal, para que se alcance um alto nível de humanidade. Quem sabe não seja a esta busca de ser mais humano que Jesus convida você todos os dias, a todo momento?

Homem e mulher, à medida que se humanizam, divinizam-se. Ser, a cada dia, um pouco mais humano e compreensivo consigo mesmo e com as pessoas, que estão a sua volta, faz com que você se torne mais completo e mais perfeito, porque mais perto de Deus.

Seja mais humano, seja mais amoroso e, certamente, você estará navegando pelas águas tranqüilas e serenas da perfeição!

Raízes de bem

Comece os seus dias com nobreza de sentimentos e suas atitudes terão grandeza! Desvencilhar-se de todo e qualquer tipo de vulgaridade. Fechar-se ao pessimismo e ao maldizer. Exercitar-se na discrição, no silêncio e na cordialidade. Alimentar-se apenas daquilo que enriquece interiormente.

Arrancar as ervas daninhas que prejudicam nossas vidas faz com que as boas sementes criem em nós raízes de bem.

Seja uma pessoa positiva e alegre; daquelas que contagiam e levantam o astral em qualquer ambiente: na família, no trabalho, no lazer... em qualquer lugar!

Elogie as qualidades das pessoas com as quais você convive. Escolha palavras que enalteçam seu lado bonito. Assim, você colabora para que elas, sentindo-se bem, façam crescer sua auto-estima. E você também cresce! Na vida, só cresce quem faz o outro crescer!

Uma edição única

Não tome o outro como referencial de qualidades e defeitos. Ou você vai se julgar melhor ou pior que ele. Nem uma coisa nem outra lhe convém. Você é você. O outro é o outro. Somos diferentes entre nós.

Ao realizar o milagre da vida, Deus faz de si mesmo o modelo. Ele é único e inigualável. Uma sólida razão para sermos diferentes uns dos outros, pois criados à imagem e semelhança de Deus.

Cada pessoa é uma edição única e diferente de todas as outras.

Inspire-se na bondade, na generosidade do outro, para lapidar e enxugar seu lado humano e espiritual, mas não queira ser igual a ninguém, nem queira que os outros sejam iguais a você. As pessoas que deixaram marcas na história humana viveram quase sempre virtudes idênticas, porém, cada uma ao seu modo de ser e viver.

Mero reflexo

Quando damos demasiada importância ao que pensam e falam de nós, é como se olhássemos para nós mesmos de fora para dentro. É como alguém que, olhando-se ao espelho, vê na imagem ali refletida o original, e não um mero reflexo.

Se você valoriza em demasia o que falam de você, seja de modo positivo ou negativo, acaba despersonalizando-se, pois passa a viver em função do que pensam as pessoas, e não de conformidade com o que realmente você é.

Ser o que somos é o que vale! E é assim que amamos e somos amados por Deus e pelas pessoas. Sem máscaras. Sem invenções.

Não se importe tanto com aquilo que pensam ou falam de você.

Não tenha medo daqueles que podem roubar-lhe a doçura da alegria, mas de modo algum ofuscar o brilho de sua paz...

A experiência do silêncio

Quem se exercita no silêncio exterior encontra mais facilmente a paz interior.

Ao final de um dia em que falamos demais, e desperdiçamos palavras com inutilidades, costuma ocorrer uma desagradável sensação de vazio. Parece ter faltado alguma coisa. E de fato faltou. Faltou silêncio. Faltou domínio sobre nossa própria língua. Faltou silêncio no coração!

Falar pouco é sinônimo de errar menos.

É maravilhoso fazer a experiência do silêncio! Experimente, você não irá arrepender-se. Descanse à sombra de suas refrescantes ramagens. Depois de uma experiência como essa, você vai sentir-se mais plenificado interiormente... Paz é o outro nome dessa plenitude interior!

A paz é uma flor bonita e perfumosa; e o segredo de sua agradável fragrância está na suavidade do silêncio... Silêncio interior.

Amigos e estrelas

Os amigos de verdade assemelham-se às estrelas do Céu. É na escuridão da noite que o brilho de seu rosto revela-se... Quanto maior a escuridão, maior o brilho das estrelas. Quanto maior a tribulação, maior e mais sentida a presença dos amigos.

Obviamente, a comparação é válida apenas em termos de qualidade. Tratando-se de quantidade, a distância entre amigos e estrelas é assustadora. Olha-se para o Céu, as estrelas são incontáveis. Olha-se ao redor, sente-se na pele que amigos e amigas são raridades... Um privilégio ímpar!

Repense e reveja, todos os dias, suas amizades. São amizades boas, autênticas e desinteressadas? Ou são "amizades de conveniência", "amizades de ocasião", sem o menor afeto, sem o menor compromisso?

Cative sempre mais seus amigos e amigas de verdade. São tesouros raros e preciosos!

36

Uma centelha de verdade

Quem caminha durante o dia não tropeça, porque vê a Luz deste mundo. Mas, quem caminha à noite tropeça e cai, porque a Luz não está nele (cf. Jo 11,9-10).

Se você não varre direito a casa, oculta mazelas e acumula poeiras debaixo do tapete, cedo ou tarde a sujeira vai aparecer.

A mentira não evita o sofrimento, apenas o retarda. Uma centelha de verdade é capaz de desfazer um turbilhão de mentiras. Ainda que amarga, a verdade é bem mais doce que o mel da mentira.

Quando você diz a verdade a uma pessoa, pode doer por um pouco de tempo. Se você mente, o tempo de dor é adiado, mas a dor em si é maior. E a decepção pela descoberta de sua mentira não há tempo que faça apagar! Entre o amargo da verdade e a doçura da mentira, qual será melhor?

Dia novo e inédito

Um dia novo e inédito está começando... Eleve a Deus sua gratidão por mais esta maravilha. Você acordou, despertou para a vida! A maior bênção que se pode receber é a de poder abrir os olhos pela manhã e sentir a sinfonia da própria respiração.

Não se inquiete, não se perturbe com coisa alguma. Apresente suas necessidades a Deus, acompanhadas de ação de graças. A paz, que ultrapassa toda compreensão, tomará conta de seu ser. Ocupe seu tempo com tudo o que é verdadeiro, respeitável e justo; tudo o que de qualquer modo mereça louvor (cf. Fl 4,6-8).

Coloque amor em tudo o que você falar ou fizer. Lave as feridas, causadas por agressões e calúnias sofridas, com as águas puras do perdão e da misericórdia. Espalhe bênçãos por onde quer que você passe.

Que sua presença seja a de alguém livre, que não carrega consigo o peso das pedras.

Amar

Amar é despojar-se de si, para perder-se na pessoa amada.
Amar é, na felicidade, brindar o sorriso.
Amar é, na desventura, compartilhar cada lágrima derramada.
Amar é multiplicar sonhos; subtrair tédios e medos.
Amar é somar esperanças; dividir dores e segredos.
Amar...
Amar é acreditar que nada é sem razão, quando grande é o coração.

Na ternura deste amanhecer, início de uma jornada inédita, reflita um pouco sobre sua convivência em família, e o que fazer para ser um pouco melhor.

Os resultados positivos de sua vida dependem do amor, da harmonia e da cumplicidade existentes em sua própria casa.

Corações que se amam

Para dois corações que se amam, a vida transforma-se em Santuário de Felicidade.

Entre eles, a entrega é total e sem limites. Nem um nem outro impõem condições. Tudo é de graça!

Não existe cobrança de erros passados; somente partilha de acertos presentes. Os pedidos de prova são substituídos pela certeza da cumplicidade. Transparência é a mais bela estrela-guia a clarear a estrada, nas noites sem luar.

Para dois corações que se amam, o sorriso tem força de prece. O calor das mãos, o carinho do abraço, a ternura do beijo são o sustento, nas horas mais difíceis. Em uma flor que se oferece, esconde-se a grandeza do mais puro sentimento: o amor!

Para dois corações que se amam, a vida reveste-se de novas cores e sabores. Ganha novo sentido. O Céu faz-se presente!

Semente de árvore boa

Do trabalho de suas mãos você comerá, tranqüilo e feliz: sua esposa será vinha fecunda, no aconchego do lar; seus filhos, rebentos de Oliveira, ao redor de sua mesa (cf. Sl 127,2-3).

Esse é o retrato de uma família honrada, na qual amizade e carinho criam raízes; na qual o amor é a única lei e seus membros são apoio e estímulo uns para os outros.

Pai, você já parou para pensar sobre o pai e esposo que você é? Filho, você já parou para pensar se você tem sido o filho de quem sua mãe e seu pai se orgulham tanto? E você, mamãe, tem sido a mãe e esposa que seus filhos e esposo sonharam para si?

Se você ainda não se fez essas perguntas, aproveite hoje para respondê-las, com serenidade, e, se preciso for, peça perdão!

Família é como semente de árvore boa. Se você cuida dela direitinho, germina forte e só dá frutos bonitos e de qualidade.

Um presente do céu

Nove meses se passaram... Tempo de amor, ansiedade. Mais pareceu eternidade! Tanta era a vontade de sentir você, abraçar-lhe. Virar criança e com você brincar.

Os cuidados com sua mãe, triplicados. Ela já não era apenas ela. Ela e eu já não éramos dois... Éramos três!

O tempo passou... O Sol nasceu, trazendo consigo o esperado dia do nono mês.

Ah, filho querido, você nasceu! Contemplou a claridade! Vi seu rostinho miúdo! Ouvi seus primeiros "ais"! Foi difícil entender. Naquele instante, senti-me o mais feliz entre os pais!

Sua mãe, fragilizada por dores e emoções, chorou! Eu já não sabia o que fazer... A certeza, porém, do tão esperado presente, dava-nos forças para suportar.

Afinal, era você o protagonista daquela cena, de tão mágico prazer.

Diálogo faz bem

O diálogo é a mais curta distância entre duas ou mais pessoas.

É pelo diálogo que os pais aproximam-se dos filhos e filhas, buscando respostas para suas interrogações! É pelo diálogo que marido e mulher, em dificuldades conjugais, solucionam suas diferenças! É pelo diálogo que os amigos resolvem mal-entendidos! É pelo diálogo que inimizades são desfeitas! É pelo diálogo que, na vida profissional, chega-se a um consenso, acerca de impasses que surgem no dia-a-dia.

Dialogar faz bem! Faz bem, quando nenhuma das pessoas que dialogam se julga "dona da verdade". Já não seria diálogo!

Só o diálogo. Somente o diálogo transforma campos de guerra em jardins floridos e perfumosos; pois as diferenças são resolvidas, não pela força da violência, mas pelo poder do amor e do entendimento.

43

Os fardos não assustam

Ao voltar do trabalho, o marido foi recebido pela esposa com a pergunta: –*Como foi o seu dia?* Respondeu ele: – *Ah, hoje foi um dia pesado e cansativo, mas enfim tudo em paz!* A esposa concluiu: – *Então, seu dia não foi pesado. Você esteve em paz!*

Que bela e sábia conclusão: *Seu dia não foi pesado. Você esteve em paz!* De fato, é pura verdade! Se você está em paz, os dias não são estressantes e os fardos não assustam. E olhe que não é aquela paz emergida de uma euforia ilusória e enganosa!

Quando você tem consigo a paz que vem do amor, a paz que vem de Deus, vê-se livre de todas as tensões diárias que levam a uma vida afligida, sem brilho, sem cor, sem graça e sem sentido.

Busque no amor a paz que transcende a toda e qualquer emoção. *Deus é grande. Ele dá a paz aos que a procuram* (cf. Sl 34,27).

A força do amor

É manhã... Sinta o perfume do dia que está pela frente, com suas venturas e desventuras. Suas alegrias e tristezas.

Não tenha medo das exigências da vida! Quando os temporais impedirem você de visualizar os horizontes, não dê asas ao derrotismo. Os temporais passam à medida que são encarados com audácia e coragem.

Nenhuma tempestade é tão cruel que não possa ser superada pela força que nasce do amor. Amor à vida! Tenha fé em Deus! Acredite em você mesmo! Deus não gosta de agir sozinho. Ele quer sua mão, sua força de vontade, sua determinação. Deus tem confiança em você. Está sempre por perto. Nunca se ausenta!

Não duvide, portanto, quando você for molestado por algum temporal inesperado! Com fé na presença desse Deus que não se ausenta, você removerá montanhas!

Sede de infinito

Comece sempre seus dias refugiando-se no deserto do Amor, na doce solidão do encontro com Deus! Com ele a sua frente, em momento algum você irá vacilar.

O que Deus diz a você, nesses encontros diários, assemelha-se a chuvas mansas que, aos pouquinhos, vão impregnando a terra de fertilidade. Essa terra, que se deixa seduzir, é seu coração; coração humano, com fome de amor, com sede de infinito!

Quem não bebe, quem não se embriaga nas fontes do encontro com o Eterno, fecha-se à Graça. Indiferente aos valores que não passam, acaba criando para si a solidão amarga de uma vida sem luz, sem ternura, porque sem Deus, sem amor!

Quem atraca seu barco no porto seguro da solidão com Deus é como plantações bem cuidadas, *dá fruto no tempo certo, e tudo o que faz é bem-sucedido* (cf. Sl 1,5).

As flores mais lindas

Verdade e sinceridade são as flores mais lindas que se plantam no jardim da convivência humana. A falta delas torna vulnerável e frágil qualquer relacionamento.

Quando regadas a mentiras e falsidades, as relações humanas mais parecem bolas de neve expostas ao calor do Sol. Por não terem sustentação, desabam na primeira verdade. Todos os artifícios caem por terra.

É bem melhor viver de verdades, que se esconder por detrás de mentiras, que tiram a paz e o sossego. A verdade liberta!

Não permita que o veneno da mentira e da falsidade penetre suas veias, estragando você por dentro e por fora.

Elimine de sua vida todas e quaisquer espécies de mentiras e falsidades. Seja sincero e verdadeiro, em seus relacionamentos do dia-a-dia. Sendo sincero e verdadeiro, você não tem nada a perder.

A nascente e o rio

Você pode ter todas as qualidades do mundo, se não tiver humildade, nenhuma virtude terá. Será pequeno, medíocre.

Um belo e vaidoso rio voltou-se para sua nascente e abriu o coração: — *Não entendo! Vives no anonimato e na simplicidade; mesmo assim, estás sempre radiante. De onde vem tanta alegria? De onde vem tanta felicidade?*

Respondeu a nascente: — *Da tua elegância. Da tua formosura! Sou eu a razão de tua grandeza! Sem mim, tu não existirias!*

Mãe de todas as virtudes, a humildade dá vida e grandeza ao ser humano. A humildade é como a nascente do rio. Se a nascente seca, o rio desfalece e morre. Se faltar humildade, o homem deixa de ser homem; a mulher deixa de ser mulher.

Descer de nossa pose e de nossos pedestais, faz-nos pessoas mais serenas, porque mais humildes, mais realistas. Não acha?

A perseverança das águas

Juntamente com o dia que nasce, explode em você a vontade de concretizar projetos e sonhos, ardentemente desejados. Não desista! Seja insistente e perseverante!

Realizar sonhos é próprio das pessoas teimosas e determinadas. Sem teimosia, sem perseverança, é impossível atingir nossas metas, nossos ideais. É pela perseverança, pela persistência, que as águas, bem devagarinho, desenham em toda a natureza belas e inimitáveis obras de arte.

As realizações não caem do Céu, gratuitamente. Antes que cheguem, muito suor é derramado e cansaços vividos. Assim diz o salmista: *Os que em lágrimas semeiam, cantando hão de colher* (cf. Sl 125,5).

Em sua busca diária, para fazer de seus sonhos realidades, vá com calma e perseverança! Nada acontece num piscar de olhos. A árvore grande, um dia, foi semente!

49

As portas do coração

Um dos grandes problemas que têm atingido o ser humano não são suas pequenas ou grandes limitações, mas sua frieza para com as coisas do amor, sua indiferença para com o Autor da vida. A todo momento, ele nos convida, dizendo:

Eis que estou à porta e bato: se alguém ouvir minha voz e abrir a porta, entrarei em sua casa e cearei com ele e ele comigo (cf. Ap 3,20).

Uma única palavra sintetiza este *cearei com ele e ele comigo*: familiaridade. Familiaridade com o amor. Familiaridade com Deus. Ouvir sua voz atentamente, e abrir para ele as portas do coração.

Depois, podemos deixar... O restante ele faz! Age dentro de nós e toca nossos ferimentos, curando-nos de todas as enfermidades que afetam nossas relações familiares e sociais, para estarmos livres e de coração aberto a suas graças e favores.

Autodomínio e paciência

Quem se exercita no autodomínio e na paciência torna-se, a cada exercício, mais dono de si mesmo. Ainda que passando por fases difíceis, ainda que navegando contra a correnteza, os possuidores de paciência e autodomínio não magoam, nem agridem as pessoas, pois jamais jogam nos outros a culpa por seus dissabores, agindo sempre com simpatia.

Se hoje você não está para brincadeiras, faça um exercício de autodomínio e paciência e seguramente não lançará seus venenos contra aquelas pessoas que nada têm a ver com seu mau humor. Seu prêmio será a paz e a serenidade dos que aprenderam a contornar e dominar seus impulsos.

Andem com toda humildade e mansidão; suportem-se uns aos outros, com amor e tolerância, procurando conservar a unidade pelo vínculo da concórdia (cf. Ef 4,1-3).

Só depende de você

Não se aborreça com as cruzes que você terá para carregar, neste dia. Querendo ou não, você terá de carregá-las. Acredite na força que brota da fé, na força que brota do amor. Nada e ninguém podem nos separar do amor daquele que nos presenteou com o maravilhoso dom de viver!

Cada cruz que você carrega, com otimismo e vibração, é uma semente boa e saudável, lançada no jardim da experiência. Essa semente morre, ressuscita e floresce dentro de você com estruturas fortes e inabaláveis de amadurecimento humano e espiritual.

Por outro lado, se você carrega suas cruzes, com pessimismo e murmurações, em vez de sementes boas e saudáveis, esparrama espinhos em sua própria estrada. Além de mais pesadas e dolorosas, essas cruzes irão dificultar ainda mais sua vida!

Veja lá... Só depende de você!

Não desperdice uma lágrima

As lágrimas são pérolas preciosíssimas e não podem ser derramadas pela insignificância de pequenas coisas. As lágrimas são gotinhas tão puras, tão belas, que têm o poder de lavar a alma, nos momentos de emoção, sejam de alegria ou de dor. Coisas pelas quais vale a pena chorar!

Lágrima não é sinal de fraqueza, mas de sensibilidade forte, sensibilidade apurada. Chorar não é para qualquer pessoa!

Chore, chore bastante, chore sempre que você precisar! Deixe que, juntamente com as lágrimas, rolem pelo seu rosto as emoções. Desabafe! Chorar não é nenhuma vergonha! Alivia tensões e acalma o coração.

Não desperdice, no entanto, uma lágrima sequer, por causa da falta de sensibilidade de alguém que feriu você injustamente. Esse tipo de ferida não merece o desgaste de seus sentimentos.

O amor que sussurra

Comece seu dia calmamente... Comece seu dia acolhendo o silêncio da manhã, sentindo a fragrância de seu doce e suave perfume. É certo que alguns desafios lhe esperam. Mas você vale muito mais que todos eles!

Começar o dia preocupado, cheio de medos, inquietações e ansiedades, torna tudo mais difícil... Não ajuda em nada.

Escute o amor que sussurra dentro de seu coração palavras de paz e esperança.

Contemple a natureza ao seu redor. Ouça o cantar dos passarinhos que, na euforia de suas lindas canções, acolhem o novo amanhecer com alegria.

Também a natureza e todos os passarinhos terão um dia pela frente! Entretanto, não estão nem um pouco preocupados se o dia será de sol ou de chuva. E você vale muito mais, e é muito mais importante que eles!

54

Urgente é você

Nunca se ouviu falar tanto em estresse e depressão, como nos dias de hoje. Uma das principais causas desses males é a urgência para tudo. Tudo é urgente! Ora, se existe alguma coisa, se existe alguém urgente, esse alguém é você! Você é urgente! Você está acima de todas as outras urgências!

Você não é máquina; você é gente! A correria desenfreada da modernidade, que ignora o ser humano, faz com que percamos o contato conosco mesmos, distanciando-nos dos valores essenciais à vida e do principal e absoluto valor, que é Deus.

Surgem, então, os problemas existenciais, a perda do sentido e do prazer de viver, pois rompemos com as principais referências da existência humana.

Reservar um pouco mais de tempo para si mesmo é um excelente caminho para se viver bem, sem estresse e sem depressão.

Viver intensamente

A ventura de um novo amanhecer é sempre um privilégio. Uma graça! Eleve a Deus seu agradecimento, e viva de forma intensa todos os momentos de seu dia, fazendo de cada um deles um grande acontecimento.

Viver com intensidade é estar de bem consigo mesmo e com o outro; é estar em paz com a própria consciência. Essa paz vem de sua amizade com Deus, de sua adesão ao amor, concretizada no modo pacífico e decente de você relacionar-se com as pessoas.

Fazendo o bem, você estará vivendo intensamente. Deixando de fazê-lo, não demonstra sua gratidão a Deus pela bênção de ter sido contemplado com mais um dia de vida.

Lembre-se: *tudo o que você fizer a quem quer que seja, sobretudo às pessoas menos favorecidas, é ao próprio Deus que você estará fazendo* (cf. Mc 9,37).

Amor à vida

A auto-estima começa a partir do momento em que começamos a conviver, serenamente, com limites e fraquezas, sem complexos de inferioridade, sem automenosprezo.

Para que haja auto-estima, é fundamental que nos aceitemos como somos, buscando sempre caminhos que nos levam a ser menos imperfeitos. Esses caminhos vão-nos conduzir a um destino comum: o amor. Amor à vida. Amor a nós mesmos, às pessoas, à natureza. Amor a Deus!

A beleza das rosas não está apenas em seu charme, mas também em sua destreza, para conviver elegantemente com os espinhos.

Aprenda das rosas a elegância! Não deixe que uma paixão, um amor que não deu certo, um objetivo não alcançado, ou qualquer outra frustração, façam você perder a auto-estima, o amor pela vida. Sempre é tempo de dar a volta por cima.

As mãos de Deus

Quando Deus pede a você alguma coisa, ele nunca vem de mãos vazias. Sempre tem alguma surpresa agradável.

Se lhe pede um sacrifício, uma renúncia, oferece-lhe a consolação. Se lhe pede que perdoe, oferece-lhe a paz.

Quando você é agredido, Deus lhe pede para não devolver as pedras atiradas contra você; mas que as junte todas para cercar o jardim da misericórdia e do perdão. Em troca, oferece-lhe a consolação de sentir-se em paz.

Ao lhe pedir algo, Deus sempre oferece algo melhor e bem mais valioso.

Que bom, então, responder "Sim!" aos pedidos de Deus, amando as pessoas, como gostaríamos de ser por elas amados!

O amor de Deus, o amor entre nós, é um tesouro precioso e belo. Jamais compreenderemos sua grandeza e extensão.

A chave da felicidade

Deus fez-se homem, nasceu de mulher, tornou-se um de nós, para que aprendêssemos de novo a ser mais humanos uns com os outros e redescobríssemos o caminho da bondade, da ternura e do amor. Caminho daqueles e daquelas que entenderam: ser grande é estar a serviço!

Ninguém é maior que ninguém. Grandeza é ter disposição para servir, por amor.

Os dons, as qualidades que Deus nos confiou, não são para nossa vaidade pessoal, para nos julgarmos melhores, mas para servirmos uns aos outros, como ele fez, quando esteve por aqui, como pessoa humana.

A chave do seu coração está com você. Você o abre para quem quiser. Você serve a quem quiser servir! Todavia, a chave da felicidade o amor é que a tem. E o amor não anula, nem costuma excluir pessoas!

Pense nisso... Vale a pena refletir!

Revestir-se de amor

Num gesto supremo de amor, Deus fez com que, mais uma vez, o Sol voltasse a brilhar para você. Sinta o seu calor!

Revista-se desse amor, de sentimentos nobres e elevados. Abra sua mente e seu coração apenas para coisas que colaborem na construção do bem.

A vida é muito breve para ser vivida presa a migalhas. Muitas vezes, perdemos nosso tempo com inutilidades, quando poderíamos nos apegar somente ao essencial.

Mas... o que é essencial na vida?

Essencial na vida é ser feliz! É revestir-se de amor. É abrir-se somente ao que constrói e edifica a nós mesmos e aos outros.

Entregue sua vida nas mãos do amor. Jogue-se nos braços de Deus, que é Pai, e que também é Mãe. Sorria para o novo dia, como resposta ao convite de bem viver. Ele sorri carinhosamente para você!

O poder do sorriso

Você sabia?

... que, quando você sorri para a vida, a vida lhe sorri?

... que, sorrindo, seu rosto se ilumina?

... que seu sorriso pode fazer seu dia mais leve e mais tranqüilo?

... que, quando você sorri, o sorriso fala por você?

... que, sorrindo de suas limitações, torna-se mais curto o caminho da superação?

... que seu sorriso é fonte de energia para quem desfruta de sua presença?

... que, quando você sorri, toda a natureza sorri com você?

... que, sorrindo, sua vida fica mais bela, tornando a dos outros mais feliz?

... que seu sorriso faz de você um ser humano mais realizado?

Então, vamos sorrir sempre! Custa tão pouco!

Agradecer é amar

Entre tantos predicados de uma pessoa, um deles se destaca: o senso da gratidão. Saiba agradecer a Deus e às pessoas que lhe fizerem algum favor, alguma gentileza, que ajudam você a superar dificuldades!

Como é elegante dizer *obrigado* pelos favores e atenções recebidas! O gesto de agradecer deixa emocionado qualquer coração; mesmo os menos sensíveis.

Agradecer, porém, não é simplesmente dizer *obrigado*. Agradecer é viver de tal modo que esse *obrigado* transforme-se em gestos, atitudes que concretizem sua gratidão.

Agradecer é amar!

Se você gosta tanto que os outros lhe sejam gratos pelos favores que presta, alimente em você o sublime sentimento da gratidão.

A gratidão é sinal visível de uma realidade invisível: o lado divino do ser humano.

Soluções existem

Nunca fuja dos problemas, em seu dia-a-dia! Sejam grandes ou pequenos! A dor de confrontar-se com eles é muito menor que a dor de estar sempre deles fugindo.

Se você não enfrenta logo seus desafios, terá de enfrentá-los depois. E, talvez depois, já se tenham somado a outros, tornando as coisas ainda mais difíceis... Pense nisso! Coragem, você é forte! Capaz de escolher a direção certa, quando a sua frente surgem algumas encruzilhadas.

Todos nós temos problemas a serem resolvidos. O que importa é que não nos faltem forças para superá-los. Acima dos problemas, temos um Deus amoroso, que não nos deixa fraquejar diante deles.

Vá em frente. Com fé e certeza de vitória. São os obstáculos que dão sabor a nossas conquistas. Se problemas existem, é porque também existem soluções. Coisas da vida!

Sorrindo com o olhar

Se alguém lhe ferir numa face, ofereça também a outra (cf. Lc 6,29). Essas palavras exigentes de Jesus não são um convite à idiotice, mas uma seta que indica o caminho do amor e do perdão, mostrando a você que retribuir o mal com o bem é demonstração de grandeza interior.

Se alguma pessoa não lhe é simpática e só lhe causa transtornos, não use da mesma moeda, retribuindo amargor. Queira o bem dessa pessoa, do fundo de seu coração!

Comece seus dias com disposição e abertura ao amor e à misericórdia. Leve sua vida de tal forma que ninguém veja em você uma pessoa armada, mal-humorada e de convivência difícil. Cative a confiança e a amizade dos outros, com simpatia. Sorrindo com o olhar!

Assim, você terá um modo diferente de ser e viver.

64

Reconhecer-se humano

Começar o dia destacando alguma limitação, alguma fraqueza que temos, torna-nos pessoas mais humanas e mais compreensivas com relação às imperfeições alheias. Comecemos, hoje, por contemplar a humildade, seu encanto, seu fascínio, sua poesia!

Humildade é aceitar a si mesmo, com todas as qualidades e defeitos. É jamais se considerar modelo para o outro. Humildade é reconhecer-se humano, sujeito a erros e acertos. Pronto para sorrir. Pronto para chorar. Humildade é reconhecer-se frágil como o cristal e, por isso, aceitar e respeitar o outro como é... sem censuras!

Olhemos sempre para o valor da humildade, quando tivermos um conceito exagerado sobre nós mesmos.

Não existe força capaz de derrubar e destruir homens e mulheres de coração humilde. É Deus quem os eleva!

Presença de luz

O dia acordou sorridente! O sol despontou por detrás das montanhas, sem a menor formalidade. Tudo muito simples, como simples é a simplicidade do amor de Deus por você. Abra seu coração e eleve espontaneamente até ele seu agradecimento pelo novo amanhecer!

Busque em primeiro lugar o amor e suas nuanças, e tudo haverá de concorrer para o seu bem e o bem daqueles que vão desfrutar de sua presença desarmada, pacífica e cheia de luz. Luz que transfigura você, iluminando os que estão a sua volta.

Tenha firmeza, tenha profissionalismo no desempenho de suas ocupações diárias, sem exageros, evitando os excessos de formalidades e burocracias.

Viva melhor, tanto no plano pessoal quanto no plano profissional. Procure conciliar, em sua vida, seu lado sério e seu lado criança.

Generosidade e ternura

Homem e mulher valem, não pelas obras em si, pelo que produzem, mas pela generosidade e pela ternura espontânea que nascem de uma vida espiritual apaixonada, cultivada com alegria.

Ternura em cada palavra de encorajamento. Ternura em cada gesto de amor. Generosidade e ternura são as responsáveis pela história de cada homem, de cada mulher.

Ninguém leva desta vida o que produziu, nem o sucesso que alcançou. O que se leva são os rastros de amor, desenhados por onde passamos, *sem deixar endereço*, sem o objetivo de aparecer, mas fazer-se presença naturalmente, pela generosidade e pela ternura demonstradas.

Cultive uma vida espiritual apaixonada. Cultive o amor! E, certamente, você terá generosidade e ternura de sobra para distribuir, até o último dia de sua vida!

A vida desabrochou

Amanheceu!... Não faz mal se o dia despertou nublado, com promessas de chuvas, ventanias e trovoadas. O que importa é a vida que desabrochou em você, como a mais preciosa dádiva de Deus.

Não se amedronte. Encare, frente a frente, as interrogações e intempéries do seu dia. Não faz mal que a luz do sol tenha sido tragada pela escuridão das nuvens. Nada e ninguém poderão apagar as luzes acendidas em seu coração pelo amor.

Enfrente as dificuldades de cabeça erguida. Toda vez que você levanta a cabeça e confia, as dificuldades perdem força.

Não tenha dúvidas. Você nunca vai estar sozinho e desamparado. O mesmo Deus que lhe dá o dia, com o mesmo amor também lhe oferece a certeza de sua presença: *Eis que estou sempre com você, todos os dias* (cf. Mt 28,20).

O milagre da vida

Abra um sorriso. Mais uma vez, você foi agraciado com o dom de poder abrir os olhos e contemplar o milagre da vida.

No silêncio de seu coração, agradeça a Deus por essa maravilhosa oportunidade de crescimento que ele oferece a você, com afeição e ternura de mãe.

Esqueça o que passou e vá em frente! Não fique remoendo coisas passadas. Ainda que tenha deixado marcas, para o ontem não existe retorno. Quando muito, restaram algumas lembranças. Olhe para o novo que espera por você, neste novo dia.

Abrace seus projetos e seus anseios, com perseverança e expectativa de um dia ensolarado, que facilite a visão de todos os horizontes. Não tenha medo dos espinhos e das dificuldades. Esperança e determinação, juntas, formam o caminho mais curto entre sonho e realidade.

Batalhas interiores

Nem sempre fazemos o que gostaríamos de fazer, mas, muitas vezes, acabamos fazendo o que detestamos. Fazer o quê?

Aceite você mesmo, em suas batalhas interiores, sem autoflagelações. Deus ama você, com esse seu jeito, e compreende suas fraquezas mais que você mesmo.

Comece seus dias com fé, esperança, amor e energia. Sem ansiedades. Coloque-se diante de Deus, com toda humildade, desarmado e livre de todos os temores; sem receio de dizer: *Meu Deus, tem piedade de mim, que sou imperfeito*! (cf. Lc 18,13).

Se você não tem conseguido vivenciar seus bons propósitos, de modo satisfatório, não se martirize. Você é humano e cheio de imperfeições. Aceitá-las é preciso! Reconhecer-se limitado já é uma grande virtude.

Mudança de vida é um processo vagaroso de crescimento humano e espiritual.

Elegância não faz mal

É muito gostoso quando você consegue dominar certos lampejos de ira e irritação, relevando grosserias e ofensas, sem revidar. Acolhendo com amor e perdão. Revidar não combina com elegância!

Há muitas coisas que irritam nesta vida, mas por nenhuma delas vale a pena irritar-se. Mantenha-se desligado e elegante a toda e qualquer leviandade.

Não se irrite por causa dos maus. Entregue-se a Deus, confie nele, e ele agirá (cf. Sl 36,1.5).

Não é bom negócio indispor-se com as pessoas! Quando alguma coisa não lhe agrada, ficar quieto é um bom remédio. O silêncio é a melhor coisa contra insinuações maldosas e provocações levianas.

Quando você devolve uma agressão sofrida, nivela-se ao mesmo patamar de quem a praticou. Lembre-se, hoje e sempre: elegância não faz mal a ninguém!

O caminho do amor

Mostra-me, Senhor, teus caminhos, e ensina-me tuas veredas. Guia-me com tua verdade; guia-me com teu amor! (cf. Sl 24,4-5).

Nada, ninguém, nem mesmo Deus podem fazer com que seu dia seja feliz, se você não trabalhar sobre si mesmo, lapidando suas tendências e inclinações; procurando sempre o melhor caminho a seguir.

Simplicidade de comportamento, nobreza ao gerenciar sentimentos e classe ao relacionar-se com as pessoas são fatores determinantes para que seu dia seja feliz.

O segredo de uma jornada, tranqüila e serena, está em seu coração. E só você pode desvendá-lo! Deus nunca deixa de derramar favores e misericórdias sobre você; quem determina, porém, o nível de felicidade de seu dia é você mesmo!

Não se esqueça!

Um pouco de silêncio

Aproveite a quietude desta manhã e faça você também um pouco de silêncio...

É nos momentos de recolhimento e prece que você sente como é prazeroso o calor materno da presença de Deus. É nos momentos de enlevo que você experiencia o quanto é gratificante começar o dia com Deus. Viver a vida com Deus!

É nesses momentos fortes de comunicação com o Eterno, que você encontra forças para superar seus limites, na corrida frenética do provisório cotidiano.

Não tenha receio de abandonar-se em Deus. Fale com ele de seus sonhos e projetos, de suas dores e preocupações. Compassivo e benevolente, ele mesmo é quem garante: *Peça e lhe será dado. Busque e você encontrará. Bata e a porta lhe será aberta. Quem pede, recebe. Quem busca, encontra. E a quem bate à porta, esta se lhe abrirá* (cf. Mt 7,7-8).

Críticas e elogios

Quem não gosta de receber elogios? Receber elogios é uma maravilha! Aumenta a auto-estima e impulsiona-nos a buscar, cada vez mais, o aperfeiçoamento daquilo que trouxe até nós o reconhecimento.

A vida, entretanto, não é feita só de elogios. Existem também as críticas destrutivas, que nos magoam e nos entristecem.

Se gostamos tanto de ser elogiados, por que não aprender a tirar das críticas negativas algo de enriquecedor? As críticas felinas, aquelas que nos ferem, têm seu lado edificante: não permitem que sejamos consumidos pela vaidade, quando elogiados.

A vida é um vaivém constante; depois dos elogios, vêm as críticas; depois das críticas, vêm os elogios.

Aprenda a conviver em harmonia com elogios e também com as críticas que incomodam! Fazem parte da vida.

Criados para amar e perdoar

O perdão é gratificante, tanto para quem perdoa quanto para quem é perdoado.

Saber perdoar é sinal de grandeza interior, própria daqueles e daquelas que norteiam suas vidas, guiados pelas luzes da misericórdia e do amor.

Saber pedir perdão também revela grandeza, pois somente quem ama e perdoa tem humildade suficiente para reconhecer erros e imperfeições pessoais.

Por sermos humanos e imperfeitos, todos carecemos de corações generosos, que nos acolham e perdoem nossos deslizes...

Criados para amar, somos carentes de amor. Criados para perdoar, necessitamos continuamente de perdão.

Que nossos corações estejam sempre abertos ao amor e ao perdão. Amor e perdão têm o poder de curar e libertar... O perdão traz alegria e o amor nos refaz!

Um novo amanhecer

Que bênção! Toda a criação saúda e acolhe o novo amanhecer. Faça o mesmo você também. Desperte para a vida, com fé, entusiasmo e alegria!

Não faz mal se alguma coisa, ontem, não deu certo. Cada dia é um dia diferente. E este será totalmente diferente de todos os outros que você já teve a graça de viver!

Este novo dia é mais uma dádiva de Deus para você. Valorize este presente, alimentando sonhos e atitudes positivas, geradoras de vida, geradoras de amor.

Antes de qualquer coisa a dizer ou fazer, lembre-se de que sua bondade faz bem aos outros, e muito mais a você mesmo.

Cultive no jardim de seu coração a simplicidade de vida, o espírito de cooperação! Esteja sempre disposto a ajudar as pessoas, naquilo que lhe for possível. Ao estender a mão a alguém, Deus lhe estende as duas!

Todos brilham

À noite, contemplando o Céu, você percebe que umas estrelas brilham mais que outras! Mas você nota também que todas brilham; e são essas diferenças de brilho, somadas umas às outras, que tornam as noites mais claras e o Céu mais bonito.

Na beleza desta manhã, começo de nova jornada, coloque nas mãos de Deus seu desejo de juntar seu brilho, ainda que pequeno, ao brilho das outras pessoas, para que o mundo seja mais límpido, mais iluminado!

Não importa o papel que você desempenha na sociedade! O que importa é que você o desempenhe brilhantemente, com muito amor! Não há maior, nem menor! Todos têm seus dons, seus valores. Embora uns brilhem mais e outros menos, o importante é que todos brilham!

Lembre-se: a abelha nem sempre é notada, mas seu produto, juntado ao de outras abelhas, é o primeiro em doçura.

Um amor diferente

Ajudar pessoas que nos são queridas a carregar suas cruzes, chega a ser prazeroso. Oferecer, porém, os ombros às menos queridas, exige renúncia e um amor acima de nossas afeições. Exige um amor diferente!

É esse amor que nos faz renunciar divergências; que demonstra quão grande é o coração humano, quando livre de mágoas e rancores. Um coração diferente! É absolutamente humano que você tenha suas preferências, em seus relacionamentos com as pessoas. Mas, ao oferecer os ombros, não faça distinções.

Esqueça suas divergências, quando a vida lhe pedir para estender a mão, em nome de um amor maior. Um amor acima de qualquer afeto. Um amor diferente!

Esse amor faz de você alguém diferente, pois revela a enormidade de seu coração. Um coração com limpeza de sentimentos!

Amar a si

Quem não se ama também não é capaz de amar a ninguém, nem mesmo ao próprio Deus, que deu de presente a cada homem, a cada mulher, o indescritível dom do amor.

Ame a você mesmo, com todas as forças do seu coração! Não se trata de amor narcisista, amor egocêntrico, mas de amor-doação, próprio daqueles e daquelas que se amam e, por isso, transpiram amor.

Amar a si mesmo é o primeiro passo para que você irradie amor e faça com que outras pessoas, sentindo seu modo de ser, passem também a gostar de si mesmas.

Se nós, apesar das fragilidades, formos capazes de amar a nós mesmos, nossa simples presença exalará o inebriante perfume do amor, transformando qualquer ambiente onde amar virou coisa do passado.

Quem ama a si mesmo é como luz; ilumina a si, a tudo e a todos que estão ao seu redor!

Semente do amor

Constrói-se o amanhã, colhendo no presente o que ontem se plantou. Se as sementes foram sadias e de boa qualidade, não há como a colheita ser ruim!

Semeando Fé, você colhe certezas. Semeando Esperança, cultivando sonhos, você colhe realidades. Semeando Amor, você colhe tudo isso, e um pouco mais!

São tantos os caminhos. São tantas as sementes... Para se chegar, porém, à felicidade completa, apenas uma é necessária: a Semente do amor!

Cuide bem de sua plantação. Você é responsável por sua lavoura. Não permita que pragas e geadas destruam o que você tem de mais lindo, de mais sagrado: o calor de seus sentimentos, sua capacidade de amar.

Quem não ama é como um pescador longe dos rios e dos mares. Vive sem destino. *Quem ama permanece na luz* (cf. 1Jo 2,10).

Amigos e amigas

Amigos e amigas de verdade são riquezas inestimáveis. Celebram conosco as alegrias do sucesso, mas também são o ombro acolhedor que se molha de lágrimas, quando situações incômodas nos angustiam.

Amigos e amigas de verdade são presenças agradáveis. Brilham como a luz do Sol e das estrelas. Iluminam os momentos de vazio e abandono, com a mesma intensidade que transfiguram as horas descontraídas e gostosas das confraternizações.

Amigos e amigas de verdade são aqueles que nos ouvem, sem julgar; falam, sem nos ferir. Assemelham-se à brisa mansa das manhãs de primavera, que toca nosso rosto com a ternura de quem sabe nos amar do jeito que somos.

Ame seus amigos! Ame suas amigas! Jamais os decepcione. São eles a outra metade que completa sua paixão pela vida.

Você muito amou!

Ao saber da morte do amigo Lázaro, Jesus comoveu-se profundamente e chorou (cf. Jo 11,33-38). Lágrimas valiosas e de grande afeição. Lágrimas puras e verdadeiras! Lágrimas de divino afeto!

Tinha Jesus motivos mais que suficientes para extravasar sua emoção. *Afinal, mantinha estreita amizade com Lázaro e suas irmãs* (cf. Jo 11,5); amizade cravada num amor, cuja medida é não ter medida.

Não adianta chorar pelos que se foram, se durante a vida não os fizemos sorrir. É fácil chorar pelos mortos. Difícil é ter habilidade para fazer os vivos sorrirem.

Experimente viver de tal modo que os vivos, as pessoas que lhe cercam, sintam o prazer de sua presença amiga, solidária e cheia de amor. Assim, se algum deles se ausentar, você pode chorar à vontade. Não serão lágrimas de remorso. Você muito amou!

Decidir pelo amor

Quando acordamos e abrimos os olhos para a vida, temos de tomar uma decisão: ou decidimos pelo amor, e desfrutaremos de um dia feliz, ou decidimos pela indiferença ao amor, e nosso dia será vazio e sem razão, porque sem as delícias do amor.

Decidir pela indiferença não é inteligente. Gera alienação, perda dos sonhos e do prazer de viver. Decidir pelo amor demonstra sabedoria, gosto pela vida.

Em quaisquer situações da vida, o amor é soberano. Nas horas de dor, curativo; nas horas de bem-estar, celebração. É por amor que você existe! É por amor que você chora! É por amor que você sorri!

Permita que, no dia de hoje, seja o amor o centro de suas atenções. Aposto que amanhã você não conseguirá abandoná-lo, e não seguirá em frente sem ele. O amor é a poesia, a gostosa melodia da vida.

Gostar e amar

Quem gosta dá um pouco...
Quem ama dá a vida!
Quem gosta atende...
Quem ama acolhe!
Quem gosta desculpa...
Quem ama perdoa!
Quem gosta fala...
Quem ama toma atitudes!
Quem gosta ajuda...
Quem ama se compromete!
Quem gosta conversa...
Quem ama dialoga!
Quem gosta consola...
Quem ama divide lágrimas!
Quem gosta escuta...
Quem ama sabe ouvir!
Quem gosta ensina o caminho...
Quem ama mostra a direção!
Quem gosta dá um passo...

Quem ama caminha junto!
Quem gosta diz palavras...
Quem ama dá exemplos!
Quem gosta escolhe...
Quem ama não distingue!
Quem gosta apóia...
Quem ama carrega nos braços!
Quem gosta acredita...
Quem ama alimenta-se da fé!
Quem gosta aguarda...
Quem ama irradia esperança!
Quem gosta acha que ama...
Quem ama tem certeza!
Quem gosta olha o rosto...
Quem ama vê o coração!
Quem gosta prende-se à beleza...
Quem ama enxerga além!
Quem gosta se lembra...
Quem ama sente saudade!
Quem gosta se vai...
Quem ama permanece!

Acredite no amor

Amor é vida.
Amor é o sorriso das crianças.
A alegria dos que cresceram.
Amor é o calor de mãos que se tocam.
A ternura contida em cada abraço.
Amor é o perdão que se dá.
O perdão que se recebe.
Amor é celebração de amizades.
É querer o bem dos inimigos.
Amor são braços abertos para acolher.
Mãos que se estendem para servir.
Amor é acreditar na força da partilha.
É sentir o suave perfume da fraternidade.
Amor é enxergar além do que se vê:
o lado bonito do ser humano.
Amor é tudo o que há de belo e esplêndido.
De todos os sentimentos, o maior.
Acredite no amor...
Você pode viver melhor!

Podes limpar-me!

De ti, Jesus, sai uma força que cura, e se queres, podes limpar-me! Liberta-me de todos os rancores e mágoas, e faze de mim propagador de tua ternura. Arranca do meu peito todo e qualquer sentimento de desamor, e concede-me o dom da misericórdia e do perdão.

Livra-me, Jesus, de todas as amarras deixadas por traumas e experiências dolorosas vividas, cujas feridas, ainda não bem curadas, provocam em mim fadigas, irritações e ansiedades. Preenche meus vazios, Jesus, preenche meus vazios com tua paz.

Cura-me, Jesus, de todas as enfermidades físicas, espirituais, psicológicas e emocionais. Tem compaixão de mim, Jesus. Toma conta de mim, inteiramente. Sem teu amor nada sou e nada posso. Amém!

Sacia-me com teu amor!

Senhor, meu Deus, tu és amor; um refúgio para mim!

Antes que nascesse o Universo, tu és o meu Deus! Aos teus olhos, mil anos são como o dia que passou. Assemelham-se à erva! Germina e brota, pela manhã; e quando chega a tarde, murcha e seca.

Meus limites e meus segredos estão sempre debaixo de teu olhar apaixonado e cheio de amor! Meus dias se vão... Passam depressa, como primaveras! Setenta anos é o tempo da vida humana; oitenta, se for vigorosa.

Ensina-me, Senhor, a viver bem os meus dias, com sabedoria de coração! Sacia-me, pela manhã, com teu amor, e de alegria exultarei o dia todo! Faze brilhar sobre mim a luz de tua face, e que tua bondade se manifeste todos os dias!

Adaptação do Sl 89